모든 성경은 하나님의 감동으로 된 것으로 교훈과 책망과 바르게 함과 의로 교육하기에 유익하니 이는 하나님의 사람으로 온전케 하며 모든 선한 일을 행하기에 온전케 하려 함이니라

(디모데후서 3장 16절,17절)

Y/M/D.　　.　　.　　.

Memo

Y/M/D. . . .

Memo

Y/M/D.　　.　　.　　.

Memo			

Y/M/D. . . .

Memo

Y/M/D. . . .

Memo

Y/M/D. . . .

Memo

Y/M/D.　　.　　.　　.

Memo

Y/M/D. . . .

Memo			

Y/M/D.　　.　　.　　.

Memo			

Y/M/D.　　.　　.　　.

Memo			

Y/M/D. . . .

Memo

Y/M/D.   .   .   .

Memo

Y/M/D. . . .

Memo			

Y/M/D. . . .

Memo			

Y/M/D. . . .

Memo

Y/M/D.　　.　　.　　.

Memo

Y/M/D. . . .

Memo			

Y/M/D.　　.　　.　　.

Memo

Y/M/D. . . .

Memo			

Y/M/D.   .   .   .

Memo

Y/M/D. . . .

Memo

Y/M/D. . . .

Memo			

Y/M/D. . . .

Memo

Y/M/D. . . .

Memo			

Y/M/D. . . .

Memo			

Y/M/D. . . .

Memo

Y/M/D. . . .

Memo

Y/M/D.　　.　　.　　.

Memo			

Y/M/D. . . .

Memo

Y/M/D. . . .

Memo

Y/M/D.　　.　　.　　.

Memo

Y/M/D. . . .

Memo

Y/M/D. . . .

Memo

Y/M/D. . . .

Memo			

Y/M/D. . . .

Memo			

Y/M/D. . . .

Memo

Y/M/D.　　.　　.　　.

Memo

Y/M/D.　　.　　.　　.

Memo			

Y/M/D.　　　.　　　.　　　.

Memo			

Y/M/D. . . .

Memo			

Y/M/D. . . .

Memo

Y/M/D. . . .

Memo

Y/M/D.   .   .   .

Memo

Y/M/D.　　.　　.　　.

Memo			

Y/M/D.　　　.　　　.　　　.

Memo			

Y/M/D. . . .

Memo

Y/M/D. . . .

Memo			

Y/M/D. . . .

Memo

Y/M/D. . . .

Memo

Y/M/D. . . .

Memo			

Y/M/D. . . .

Memo			

Y/M/D. . . .

Memo

Y/M/D. . . .

Memo

Y/M/D. . . .

Memo			

Y/M/D. . . .

Memo

Y/M/D. . . .

Memo

Y/M/D. . . .

Memo

Y/M/D. . . .

Memo

Y/M/D. . . .

Memo			

Y/M/D.　　.　　.　　.

Memo

Y/M/D.   .   .   .

Memo

Y/M/D. . . .

Memo			

Y/M/D.　　　.　　　.　　　.

Memo			

Y/M/D. . . .

Memo

Y/M/D. . . .

Memo			

Y/M/D. . . .

Memo

Y/M/D.　　.　　.　　.

Memo			

Y/M/D.　　.　　.　　.

Memo

Y/M/D. . . .

Memo			

Y/M/D. . . .

Memo			

Y/M/D. . . .

Memo

Y/M/D.　　.　　.　　.

Memo			

Y/M/D. . . .

Memo			

Y/M/D.   .   .   .

Memo			

Y/M/D. . . .

Memo

Y/M/D.　　.　　.　　.

Memo			

Y/M/D. . . .

Memo

Y/M/D. . . .

Memo			

Y/M/D.　　.　　.　　.

Memo

Y/M/D.　　　.　　　.　　　.

Memo			

Y/M/D.   .   .   .

Memo			

Y/M/D.　　.　　.　　.

Memo			

Y/M/D.   .   .   .

Memo

Y/M/D. . . .

Memo

Y/M/D. . . .

Memo

Y/M/D.　　.　　.　　.

Memo

Y/M/D.　　.　　.　　.

Memo

Y/M/D. . . .

Memo			

Y/M/D.　　.　　.　　.

Memo

Y/M/D. . . .

Memo			

Y/M/D.　　.　　.　　.

Memo

Y/M/D. . . .

Memo

Y/M/D. . . .

Memo

Y/M/D.   .   .   .

Memo	

Y/M/D.　　.　　.　　.

Memo			

Y/M/D.   .   .   .

Memo			

Y/M/D.　　.　　.　　.

Memo			

Y/M/D. . . .

Memo

Y/M/D. . . .

Memo			

Y/M/D. . . .

Memo

Y/M/D. . . .

Memo

Y/M/D. . . .

Memo

Y/M/D. . . .

Memo

Y/M/D. . . .

Memo	

Y/M/D. . . .

Memo			

Y/M/D.   .   .   .

Memo

Y/M/D. . . .

Memo

Y/M/D. . . .

Memo

Y/M/D. . . .

Memo			

Y/M/D. . . .

Memo

Y/M/D. . . .

Memo

Y/M/D.   .   .   .

Memo

Y/M/D. . . .

Memo

Y/M/D. . . .

Memo

Y/M/D. . . .

Memo			

Y/M/D. . . .

Memo

Y/M/D. . . .

Memo

Y/M/D.　　　.　　　.　　　.

Memo

Y/M/D. . . .

Memo			

Y/M/D.　　.　　.　　.

Memo			

Y/M/D. . . .

Memo

Y/M/D.　　.　　.　　.

Memo			

Y/M/D. . . .

Memo			

Y/M/D. . . .

Memo			

Y/M/D.   .   .   .

Memo

Y/M/D. . . .

Memo			

Y/M/D. . . .

Memo

Y/M/D.　　.　　.　　.

Memo			

Y/M/D. . . .

Memo			

Y/M/D. . . .

Memo

Y/M/D. . . .

Memo

Y/M/D. . . .

Memo

Y/M/D.　　.　　.　　.

Memo			

Y/M/D. . . .

Memo			

Y/M/D. . . .

Memo

Y/M/D. . . .

Memo			

Y/M/D. . . .

Memo

Y/M/D. . . .

Memo			

Y/M/D. . . .

Memo

Y/M/D.　　.　　.　　.

Memo			

Y/M/D. . . .

Memo

Y/M/D. . . .

Memo			

Y/M/D. . . .

Memo

Y/M/D. . . .

Memo			

Y/M/D.　　.　　.　　.

Memo

Y/M/D.　　.　　.　　.

Memo

Y/M/D. . . .

Memo

Y/M/D. . . .

Memo			

Y/M/D. . . .

Memo			

Y/M/D.　　　.　　　.　　　.

Memo			

Y/M/D. . . .

Memo

Y/M/D. . . .

Memo			

Y/M/D.　　.　　.　　.

Memo

Y/M/D.　　　.　　　.　　　.

Memo

Y/M/D. . . .

Memo			

Y/M/D.　　.　　.　　.

Memo

Y/M/D. . . .

Memo	

Y/M/D. . . .

Memo

Y/M/D. . . .

Memo

Y/M/D. . . .

Memo

Y/M/D.　　.　　.　　.

Memo			

Y/M/D. . . .

Memo

Y/M/D. . . .

Memo			

Y/M/D.　　.　　.　　.

Memo

Y/M/D.　　.　　.　　.

Memo			

Y/M/D. . . .

Memo			

Y/M/D. . . .

Memo			

Y/M/D. . . .

Memo			

Y/M/D.　　.　　.　　.

Memo

Y/M/D. . . .

Memo

Y/M/D.　　.　　.　　.

Memo

Y/M/D. . . .

Memo

Y/M/D. . . .

Memo

Y/M/D.　　.　　.　　.

Memo

Y/M/D. . . .

Memo	

Y/M/D. . . .

Memo			

Y/M/D. . . .

Memo

Y/M/D. . . .

Memo

Y/M/D.　　.　　.　　.

Memo			

Y/M/D. . . .

Memo

Y/M/D. . . .

Memo

Y/M/D. . . .

Memo			

Y/M/D. . . .

Memo

Y/M/D. . . .

Memo			

Y/M/D. . . .

Memo

Y/M/D. . . .

Memo			

Y/M/D. . . .

Memo

Y/M/D. . . .

Memo			

Y/M/D. . . .

Memo

Y/M/D. . . .

Memo

Y/M/D. . . .

Memo			

Y/M/D.　　　.　　　.　　　.

Memo

Y/M/D.　　　.　　　.　　　.

Memo

Y/M/D. . . .

Memo

Y/M/D. . . .

Memo			

Y/M/D.　　　.　　　.　　　.

Memo

Y/M/D. . . .

Memo			

Y/M/D.　　.　　.　　.

Memo

Y/M/D. . . .

Memo

Y/M/D. . . .

Memo

Y/M/D.   .   .   .

Memo

Y/M/D. . . .

Memo

Y/M/D. . . .

Memo

부 록

믿음

성경구절	히브리서 11장 3절 / 야고보서 2장 17-18절 마태복음 9장 2 / 고린도전서 16장 13절 고린도전서 2장 5절 / 고린도후서 1장 24절 갈라디아서 3장 11절 / 갈라디아서 5장 5절 로마서 10장 17절 / 요한일서 5장 4절

절망과 낙심

성경구절	민수기 6장24-26절 / 잠언 3장 5-6절 이사야 41장 10절 / 빌립보서 4장 6-7절 시편55편 22절 / 시편 42편 5절 로마서 5장 3-4절 / 고린도전서 10장 13절 누가복음 18장 27절 / 마태복음 6장 33-34절

가족

성경구절	잠언 13장 24절 / 디모데후서 3장14-15절 이사야 54장 13절 / 시편 72편 1-3절 잠언 22장 6절 / 골로새서 3장 20-21절 여호수아 24장 15절 / 에베소서 5장 28절 디모데전서 5장 8 / 마태복음 19장 4-6절

치유

성경구절	이사야 41장 10절 / 야고보서 5장 16절 출애굽기 15장 26절 / 열왕기하 20장 6절 마가복음 6장 56절 / 시편 91편 10,16절 사도행전 10장 38절 / 이사야 27장 19절 마가복음 1장 41-42절 / 시편 103편 3-5절

재물의 축복

성경구절	신명기 8장 17-18절 / 잠언 3장 9-10절 전도서 5장 19절 / 디모데전서 6장 17절 잠언 22장 26-27절 / 누가복음 6장 38절 히브리서 13장 5절 / 누가복음 12장 23-24절 잠언 13장 11절 / 레위기 25장 35-37절

관계

성경구절	잠언 3장 27-28절 / 잠언 11장 13절 골로새서 3장 14-15절 / 요한일서 3장 18절 고린도전서 10장 23-24절 / 데살로니가전서 5장 12-13절 요한복음 15장 13절 / 베드로전서 3장 9절 히브리서 10장 24-25절 / 로마서 12장 13,15절

용서

성경구절	누가복음 17장 4절 / 잠언 15장 18절 시편37편 8절 / 에베소서 4장 31-32절 야고보서 1장 19-20절 / 로마서 12장 19절 마태복음 6장 14-15절 / 누가복음 17장 3절 창세기 50장 17절 / 골로새서 3장 8절

기도

성경구절	마태복음 6장 6절 / 예레미야 29장 12-13절 시편 102장 17절 / 마가복음 11장 24절 디모데전서 4장 5절 / 골로새서 4장 2절 마가복음 9장 29절 / 고린도전서 14장 15절 골로새서 1장 9절 / 잠언 8장 17절

언어, 말

성경구절	베드로전서 3장 10절 / 에베소서 4장 29절 시편 35편 38절 / 잠언 10장 19절 전도서 5장 2-3절 / 마태복음 15장 11절 야고보서 1장 19절 / 야고보서 3장 8-10절 디모데전서 5장 1절 / 야고보서 3장 5절

순종과 겸손

성경구절	히브리서 11장 3절 / 야고보서 2장 17-18절 마태복음 9장 2절 / 고린도전서 16장 13절 고린도전서 2장 5절 / 고린도후서 1장 24절 갈라디아서 3장 11절 / 갈라디아서 5장 5절 로마서 10장 17절 / 요한일서 5장 4절
